JN419551

조금 오래

지혜사랑 320

조금 오래

박영화 시집

지혜

시인의 말

흩어진 기억과 마음의 파편들을 글로 엮었습니다.

때로는 어머니를, 지나간 사랑을, 곁에 머물렀던 이들을
그리며 쓰고, 지우고, 다시 썼습니다.

문장 한 줄이
나를 버티게 했습니다.
나를 무너뜨리기도 했습니다.

나를 닮은 문장들이 남았습니다.

시집을 덮고 나면 다시 빈손이 될 것입니다.

조금 더 오래, 이 떨림을 기억하고 싶습니다.

2025년 가을
박 영 화

차례

1부

2부

3부

4부

- **일러두기**

  페이지의 첫줄이 연과 연 사이의 띄어쓰기 줄에 해당할 경우 >로 표시합니다.

1부

조금 오래

　말끝에 핀 웃음 하나에도 입꼬리가 달아올랐다 서툰 고백은 분홍빛 솜사탕처럼 부풀었고 혀끝에 닿을 듯한 숨결은 씹을수록 달콤했다 그때는 공기마저 달달했다 이제 단물 빠진 시간처럼 삼키지 못한 말들이 입안에서 질겅거린다 그럼에도 차마 놓을 수 없어 담아두었던 것들이 있다 익숙해진 온도, 손톱 끝에 남은 향기나 티셔츠에 묻은 웃음 같은 것들, 버리기엔 조금만 더, 하고 붙잡았던 것들이

　사랑은 오래 묵을수록 모양을 잃어갔다 처음의 달콤함도 말랑거림도 더이상은 찾을 수 없었다 무표정한 딱딱함을 견디지 못하고 끝내 우린 서로를 뱉어냈다

　길을 걷다 어디선가 익숙한 향이 퍼질 때, 오래된 냄새가 불쑥 내 속을 건드린다 질겅거리는 추억 하나가 발끝에 붙어 따라온다

케냐에서 온 편지

비는 오지 않았다 햇빛은 지나치게 솔직했고 공기는 식
지 않았다
너는 떠났고 다시 오지 않았다, 묻지 않았다

편지가 왔다
발신지는 케냐, 봉투 안에는 흙 향이 밴 원두 몇 알,

커피를 마신다
다 마시고 나서야
설탕을 넣지 않았다는 걸 알았다

식탁 위에 말린 커피 자국이 작은 섬처럼 남아 있었다

이카루스의 꿈

단지 날고 싶었을 뿐이에요 오랜 꿈 대신 밥을 먹었거든요 문밖을 보세요 권태에 찌든 그가 떠나가고 있어요 소란스러운 사월과도 안녕입니다 나의 계절은 죽어버렸으므로 이제 밥 대신 꿈을 먹어야 해요 밥 안치는 소리는 꽃밥으로나 피겠죠 어쩌면 바람처럼 세상을 유영하게 될지도 모르겠어요

어머닌 말씀하셨죠 사람은 밥을 먹어야 한다고 하지만 알았어요 배고픔보다 더 견디기 힘든 건 나를 잃어버리는 일이라는 걸 그만 봐버렸거든요 어깨죽지 위로 돋아나는 날개 닦을수록 빛이 나는 내 날개를

등에 진 짐이 무겁지만 기꺼이 산에 올라요 높이 올라야 높이 날 수 있으니까요 아마 그도 그래서였을 거예요 한순간 나락으로 떨어질지라도 하늘을 가지려던 그 꿈을 포기할 수는 없었을 테니까 누군가에게는 밥이나 죽음보다 더 중요한 게 있다는 걸

깨부술 수 없는 창살이라면 날아가야 해요 내게 날개를 달아 준 당신 당신의 부재는 자꾸 나를 저쪽 너머 세상을 기웃대게 만들어요 나를 관통하는 바람 당신인가요 그는 죽었지만 나는 죽지 않아요 나의 날개는 밀랍 대신 당

신의 목숨 줄로 이어 만든 진짜니까요

　당신께 따뜻한 밥 한술 올립니다 입에 맞았으면 좋겠습
니다

장미미용실

꽃은 그리움이라 했지 장미향 진하게 코끝을 타고 흐르는 날이었어 라디오에선 사랑이 필요할 뿐이라는 비틀즈의 목소리가 꿈결처럼 들려왔지 늙은 고양이 한 마리 꼬리를 살랑이며 리듬을 타고 있었어 넌 좌우대칭까지 맞춰가며 두 손을 움직이고 있었지 그런 너의 눈초리가 제법 진지했나 봐 낯선 눈빛에서 읽어내는 경계 불안은 전염성이 강해 마른침을 삼켜

어떻게 해드릴까요?
장미 스타일?
내 눈은 부지런히 네 손을 쫓고 있어 장미꽃이 예쁘게 피고 있었어

눈빛과 눈빛이 얽혀들며 우린 서로 마주 보고 웃었어 한낮의 햇살이 유리창에 부서졌다 돌아가는 사이 이번엔 잘 안 풀어질 거라는 너의 말 아무렴 술술 풀리기만 하면 재미없지 줄장미 넝쿨에도 걸리고 매듭처럼 꼬이기도 해야 제맛이라며 넌 은근히 이 순간을 즐기고 있었지 한낮이 어느새 풍선처럼 부풀어 오르고 천장에선 분홍 나비 여럿 날아다녔어 순간 거울 건너편으로 어미 같은 불두화 한 송이 피어났지 불안을 쫓던 표범은 티브이 속으로 몸을 숨기고 고흐의 해바라기가 벽을 허물고 나와 떼춤을 추었어 나비 잡

으려 뛰어오르는 장미

　커피, 라디오, 비틀즈, 고양이, 나비 그리고 불두화 한
송이
　장미미용실에는 그리운 이름들이 살고 있어

햇빛다방

문을 열자 종소리가 한 시절을 깨운다
시간의 틈새가 벌어진다
누렇게 바랜 벽지와 붉은 벨벳 소파가 나를 반긴다
누군가의 사랑과 이별을 견뎌냈을 가구들,
그 위에 조심스레 나의 몸을 포갠다
밖은 2025년이었지만
이곳은 여전히 1980년 속에 머물러 있다
눅눅했다
비에 젖은 담배 냄새와 가죽 냄새, 그리고
한참 전에 끓여낸 커피의 잔향이 함께 뒤엉켜
어깨 위로 천천히 내려앉았다
노란 커튼 사이로 오후가 기울어지고 있었다
손끝으로 느껴지는 컵의 온도
머무는 듯 흘러가는 음악
느릿하게 깨어나는 감각들
마치 그 다방이 아직도 끝나지 않은 너를 송출하는 듯했다
한 귀퉁이에 우리의 시간을 내려놓는다
오래된 문장이 햇빛을 밀고 나왔다

선 긋기

　선을 그을수록 세상은 더 선명해집니다 땅 따먹는 재미에 해지는 줄도 몰랐습니다 지금 선 긋기가 한창입니다 말이 잘 통하는 사람, 입맛에 맞는 사람, 나와 어울릴 만한 사람, 그렇게 틀에 맞는 사람만 안에 담습니다 동그라미는 설 줄 모르고 굴러만 갑니다 세모는 자꾸 뾰족한 가시를 내세웁니다 네모는 제자리서 움직일 줄 모릅니다 선 긋는 일이 점점 시들해졌습니다 선을 긋는다는 건 깨진 항아리, 쏟아버린 물, 날아가 버린 파랑새, 여기까지라고 선은 긋지 말기를 마음 밖에 세워두지 말기를 희망은 깨트리지 말기를

　끝내 거위 배를 갈랐습니다

먹는다, 바쁘다

먹는다는 말, 참 다정한 말이다 밥을 먹고, 라면을 먹고, 떡볶이를 먹는다는 그 말, 하지만 가만 들여다보면 이 말은 꽤 피곤하고도 슬픈 얼굴을 하고 있다

우리는 밥만 먹지 않는다 욕을 먹고, 애를 먹고, 나이도 먹는다 또 마음도 먹는다 그러다 어느 날은 현실도 꾸역꾸역 삼키고 있는 자신을 발견하기도 한다 누가 먹으라고 하지 않아도, 아무리 먹고 싶지 않아도, 입맛과는 상관없이, 먹게 될 때가 있다

가끔 말도 씹는다
입 밖에 내면 상처가 될까 봐 조용히 안으로 우물거린다
그러다 보면 속이 더부룩할 때도 있다
말을 참다 체한 날이 라면을 늦게 먹은 날보다 더 많다

어쩌면 우리는
먹는 것이 아니라
하루하루 먹히고 있는지도 모른다

브라질풍 바흐를 듣다

침대 위로 기타 한 줄 기어오른다
조용한 선율이 잠든 세포를 깨운다
꿈속에서 푸른 새가 깨어난다

캐슬린 배틀의 목소리
구름 위를 걷는다

푸른 숨결이 내려앉는다
몸이 조금씩 투명해진다

빌라 로보스는
정확히 이 순간을 알고 있었다
이토록 황홀하게 깨어나는 순간,

음율은 끊어지지 않았고
시계도 보지 않았다

길을 잃었을 때 자유로이 떠나는 방랑
당신의 뒷모습을 본다

브라질이 내리고 있다
흰 눈처럼

無言의 辯

별을 밟았다

꽃잎 깨지는 소리가 들렸다

사라진 것들에게 이름 붙이지 않기로 했다

바람의 등을 맞대고 앉는다

아무 말도 하지 않았다

모든 도시가 당신이었다

돌아오면 알게 된다
여행은 낯선 풍경보다
당신의 얼굴이었다는 걸

시간은 여권에 스탬프로 남고
그리움은 언제나 마지막 도시에서 시작되었다

돌아온 방은 오후 네시의 피렌체,
쇼팽의 단조가 비엔나의 옷깃을 당긴다
바람은 세비야의 박수소리를 닮았다

모든 도시가 내 안에 있다
그 끝에 당신이 있다
몇 개의 도시에서 당신을 떠올린다

옆집 여자

화분에 물을 줄 때마다 그녀의 화분을 먼저 본다

오전 열 시, 커튼을 반쯤 열고 창밖의 햇살을 눈썹처럼
다듬는다

빨랫줄에 걸린 흰 블라우스 한 장이 풍경처럼 흔들릴 때
면 내 안에서 그녀를 향해 문을 연다 서로 인사를 나눈 적
은 없지만 나는 그녀의 고양이 이름을 알고 있다 어쩌면 그
녀도 내가 자주 듣는 음악을 알 것이다

삶은 벽 하나를 사이에 두고 조금씩 스며드는 것, 말은
없었지만 우리의 오후는 몇 번쯤 겹쳐졌을지도 모른다

발소리가 들리지 않는다 베란다에 피어있는 베고니아 잎
이 오늘따라 조금 더 쓸쓸하게 흔들린다

한 번도 말은 섞지 않았지만 자주 그녀를 시처럼 읽는다

무단횡단

붉은 신호등이 깜빡일 때
건너고 말았다

나는 초록까지 참지 못했다
심장은 늘 무단이었다

서둘렀고
지나쳐갔다

우리는 경고문 없는 하루를 살아간다

자정 뉴스가 흐른다
— 오늘도 한 마음이 불법으로 길을 건너다 사라졌습니다

고등어

어둠을 지고 오신 아버지
고등어 한 마리 사오셨다
주름진 손에
바다 한 토막이 매달려 있었다
집안이 파도 냄새로 가득 찼다

그날, 어머니는 바다를 구웠다

고양이가 사라졌다

가로등 아래, 그는 꼬리를 남기고 벽을 향해 기어갔다
자기 몸을 껴안듯 한바퀴 돌아보고 말없이 지붕위를 넘
어갔다

프린스는 속삭인다
진한 어둠의 가장자리에서
그것이 마지막이었다 보라색 퍼플레인

부재는 너무 정확해서 슬픔도 길을 잃는다
한참을 울지 않았다 울지 않는 일에 익숙해지기 시작했다

방 한쪽, 너는 여전히 거기 있다

커피는 쓰다
레코드는 돌아가지 않는다
밤이 녹슬고 있다

그날 이후로 모든 발자국을 의심했고 모든 울음을 비로
착각했다

경계境界

나비는 햇살을 골라요

어머닌 작은 문을 여셨죠

나비 날고

어머니도 따라나섰죠

아슬하게 봄의 경계를 건너는 중이죠

오필리아를 위한 파반느

비는 처서를 적시고
처서는 바람을 물고 오고
급히 떠나느라 흘리고 간
저기 연못 속
꽃잎은 안녕처럼 피어나고

꽃의 혓바닥은 달콤해

이별은 짧고
흔들리는 오후 네 시

진홍빛 감잎 한 장
지키지 못할 약속에 화르르 마음을 내려놓는다

꽃에 누워, 홀로 누워
어느 인연의 길 붉게 물들인다

배롱꽃 유서인 양 몸을 날린다

2부

느티나무 아래

황락저수지를 지나 일락사 경내에 이르면 커다란 느티나무 한그루가 서 있습니다 수천 번의 해와 달이 그 몸을 지나고, 그 자리에는 묵은 이야기들이 층층이 쌓여 있습니다

매일같이 종을 울리던 스님의 손길, 처마 밑에서 눈물 삼키던 여인의 숨결, 절집 마당을 종종거리던 아이의 발소리, 느티나무는 모든 걸 기억하고 있습니다

잎사귀는 바람에 흔들릴 때마다 오래전 그 일들을 서로에게 조심스레 속삭입니다

─ 그 여인이 여기까지 와서 울다갔지
─ 스님은 새벽마다 저 풍경소리를 듣고 잠을 깨곤 했어
─ 봄마다 참새들이 와서 첫 울음을 남기고 갔지

느티나무 잎이 떨어질 때마다 기억 하나가 흙으로 돌아갑니다
그렇게 뿌리 아래에는 사람들의 사는 이야기가 잠들어 있습니다
흘러간 것들, 곁에 머문 것들, 다시 돌아올 것들까지도

어쩌면 당신의 작은 한숨도
저 잎새들 사이로 스며들지도 모릅니다

석류

당신이 까주던 석류를 기억해요

입안 가득 맺히던
달고도 씁쓸한 비밀

나는 한 알씩 당신을 삼켰고
당신은 아무 말 없이 껍질만 벗겼죠

그렇게 우린 속살을 나누고도
끝내 씨앗을 맺지 못했어요

시간은 다물어진 석류처럼 굳었고
다시 되돌린다 해도 그 붉음은 이제
우리 것이 아니에요

디오니소스의 메모

신은 지루했다 그래서 인간을 만들었다

인간은 진지했다 그래서 비극이 생겨났다

인간은 운명을 믿었고
신은 그것을 잊었다
운명이 장난감처럼 굴러다녔다

신은 웃었다
인간은 울었다

비극은 고통을
고통은 사유를
사유는 의심을 낳았다
의심은 신을 죽였다

제단은 무너졌고
끝나지 않은 무대엔
나만 남았다

조만간

　그것은 곧 내려가겠다는 말, 기억이 순서를 바꾸는 일이
다 그 애가 저렇게 말이 많았던가 같이 살 때는 한 번도 생
각해보지 않았다 지금은 한 마디가 열 마디 되고 말끝마다
한숨이 달려온다 삼성동 골목을 나란히 걸었다 아이들을
데리고 남산에 올랐다 작은 방에서 함께 라면을 먹으며 학
교에 다녔다 다 오래전 일이다 내가 너무 멀리 와버린 건지
각자 살아온 시간이 너무 길었기 때문인지 이제는 같은 이
야기를 하고 있어도 조금씩 어긋나 있다 어설픈 웃음만 몇
번 섞다 이야기는 끝났다 끊긴 전화기 너머로 조용히 울리
던 여운이 내 마음속 어디쯤을 툭— 건드리고 지나갔다

자운영

그 꽃을 알게 된 건 봄이 한창일 때였다 분홍빛 들판이 예쁘다고 생각했는데 알고 보니 그 꽃은 녹비였다 자신을 썩혀 땅을 살찌우는, 땅에 자양분이 부족할 때 자운영은 제 몸을 바쳐 풀들을 자라게 한다

나는 가장 오래된 자운영을 알고 있다
나보다 먼저 피어났고 나보다 먼저 시들어간 꽃
어디에도 흔적을 남기지 않고 조용히 나를 키워낸 꽃
어미 물고기가 새끼들에게 먹히며 생을 끝내듯
그렇게 나의 봄을 위해 많은 것을 녹였을 것이다

엄마는 내가 알던
가장 오래된 자운영이었다

산불

시커멓게 그을린 그릇들이 우물 옆에 나뒹굴고 꼬리가 반쯤 타버린 누렁이는 감나무 사이를 절뚝이며 맴돈다 마을을 덮었던 불길은 이제 흔적만 남았다 타버린 집터엔 바람이 서성였고 아이 울음도 밥 짓는 연기도 모두 사라졌다

말없이 그릇을 닦는다
닦아도
닦아도
탄 내는 가시지 않았다 바람은 타다 남은 지붕을 쓰다듬고 우물은 묵묵히 별을 비추었다 그릇 하나가 깨졌지만 누구도 놀라지 않았다

밤새 내린 안개가 마을을 감쌌다 누렁이는 타버린 담장 사이로 조심조심 햇살을 밟았다 부부는 돌을 옮기고 무너진 자리를 다시 쓸어냈다 산불은 그렇게 모든 것을 지워버렸지만 불탄 자리 위에도 바람은 여전히 길을 만들고 우물은 묵묵히 별을 길어 올렸다

바깥

꽃잎 하나가 가방 틈새에 끼어 있다
말없이 따라온 시간처럼 가볍고 무심하다

길은 돌아보지 않는다
길은 비워져 있고 이미 낯설다

오후의 공기가 팔목을 스친다
지나온 풍경들은 손에 닿지 않는 무늬가 된다

피나클랜드의 봄은 이제 기억의 바깥
돌아오지 않을 계절이 되었다

소 주 두 병

저녁 바람 불고 막걸리 한 사발 기울일 무렵이면 골목 어귀 참기름 냄새 같은 여자가 생각나

한 입 베어 문 듯 말랑한 말투 되게 착한 척하다가 딱 소주 두 병쯤 마시고 남자 인생을 망쳐놓을 여자

고추장 잔뜩 묻은 비빔국수처럼 입술 한번 훔치고는 미련 없이 돌아서는 아, 그 여자

봄도 취하게 만들던 여자
소주보다 뜨겁던 그 여자

쓸쓸

저녁빛이 창틀에 기대어 있다

정류장 벤치 위, 빈 종이컵 하나

책갈피 속 마른 꽃잎에 손끝이 오래 머물던 오후

불러도 닿지 않는 마음이 여전히 벽에 걸려 있는 방

오래전 멈춘 시계를 서랍 속에 넣고 다시 잠그는 일

혼자 도는 소행성, 그림자도 두고 떠나는 것

너의 이름을 부르지 않고 지난 하루는 빈 껍데기

발자국도 남기지 않고 등을 돌린다

정체 구간

빗소리는 말없이 마음을 흔든다

서해안고속도로 하행선
앞차의 붉은 등이 피었다 지고
라디오에선 오래된 노래가 흐른다
봄이면 흥얼거리던 그 노래
찔레꽃처럼 희미하게 퍼지는 음

기억은 후방거울보다 더 선명하다

찔레꽃 피던 봄
가난한 봄에도 향기 하나쯤은 있다며
조심스레 찔레순을 따 주시던 손길
향으로도 배가 부르다던 말

브레이크등이 다시 붉게 번진다
멈춤은 돌아봄이 된다
정체구간에서
오래전 봄이 갇혀있다

사랑을 팝니다

이제 놓으려 해 심장의 절반을 떼어내려 해 아프지만 그
래야 해

새로움은 당해낼 수가 없어 너무 귀하고 아름다워 입에
담는 것조차 불경스러웠던 적도 있었지 그러나 지금은 세
상이 달라졌어 뒤집혀 진 세상에선 모든 것이 넘쳐흘러

눈감고도 나는 보이지
여기저기 뿌려대는 저 구애의 몸짓들 번지르르하게 포장
된 언어의 유희가

방부제를 얼마나 사용했는지는 중요하지 않아 누구도 방
부제 사랑이 얼마나 치명적인지 관심도 없어 그저 새로움
에 취한 채, 페이지엔 온통 널 사고판다는 광고들뿐이지
유통기간도 없고 주의사항도 없이

창문이 없다

오래된 기침소리가
벽을 타고 낮게 흘렀다

숨을 뒤척인다

전등은 눈을 감고 시간은 등을 돌렸다

벽을 더듬던 손톱자국
벽 틈새로 흩어진 웃음
여름날의 땀 냄새
끝내 부르지 못한 노래 한 구절

아주 오래전으로
미끄러져 가는
아버지의 등이 흔들렸다

쏙독새

불면이 불러들인 소요 앞에서
당신의 문장을 펼친다
오래전 잃어버린 당신의 말
호명하듯 여름밤을 깨운다
새벽을 털며 깨어난 슬픔의 행간 사이로
싹둑, 마음 잘려 나간다
진작 끝이 났다고
심장 깊숙이 박히는 쏙독새 울음소리
어둠을 자르고 날아와
서툰 그리움을 앓는다

늦은 고백

일부러 그은 변명이었다
툭 던진 말들이 벽에 튕겨져 나왔다

너는 유난히 하얀 피부를 가진 아이였지 말수가 적고 연
필을 아주 바르게 깎았어 나는 괜히 어색해서 넘어오지 말
라고 책상 한가운데 선을 그었어 마치 규칙인 양 웃기지도
않는 선을 그려놓았지

지금도 그 선이 선명해
내가 처음 누군가를 좋아했던 자리
그리고 말하지 못한 마음이 자라서 지금의 나를 만든 자리
어쩌면 너도 그 선을 넘고 싶지는 않았는지

책장을 정리하다 발견한 쪽지 한장, 접혀진 마음이 거기
있었지
너라는 각주는 여전히 내 어린 시절 한구석을 차지하고
있다고 이제야 늦은 고백을 해

콘도르 날다

바람이 실을 푼다 파도 사이로 은빛 실이 길을 만든다 어디선가 들려오는 팬플룻 소리, 이국의 악사들이 낯익은 멜로디를 연주하고 있다

바다는 잠시 남미의 고원을 품는다 멜로디는 안데스의 능선을 넘어 하늘을 가르던 콘도르의 날개가 된다 양 떼가 구름처럼 흘러가고 노란 옥수수밭 사이로 아이들이 손을 흔든다 햇살은 높고 푸르다

파도가 밀려왔다 콘도르는 사라지고 갈매기들이 흰 곡선을 그리며 날고 있다 연주를 끝내지 못한 음표가 모래 위를 맴돈다 시간이 조금 느리게 흘렀다

팬플룻소리, 파문을 그리면
내 안의 바다는 다시 하늘을 건너간다
푸른 고원 위로 콘도르 한 마리, 느릿하게 날고 있다

밤의 계산법

너를 잊지 못했으니
이 밤은 어제일까 오늘일까

시간이 쌓이고
창밖 가로등이
네 얼굴 비슷한 그림자를 만든다

뒤척임 열두 번쯤이면
하루가 지난 셈이 될까

아직 도달하지 못했다
하루는 여전히 끝나지 않았다

3부

오필리아의 노래

별빛은 조작되었고
맹세는 썩었다

부유하는 숨결 속
젖은 너의 드레스

비린내가 말을 하려다
혀 밑에 숨는다

공기는 안에 없고
기억은 저 밖에 있다

물결이 귀를 긁는다
바람이 목을 끊는다

움직이지 않았다
물은 모든 것을 복사하고 있었다

붉은드레스에 검은 얼룩이 번졌다

명자

　명자였다 할머니들 이름이라며 수줍게 웃던 아이 내게 봄 한철을 다 건네준 사람 지랄 같은 계절에도 먼저 피는 꽃 그 애랑 똑 닮았다 질 때조차 단정해서 통째로 떨어지던, 그 애의 마지막 인사가 내 발등에 닿았을 때 가슴이 덜컥 내려앉았다 아직도 봄이면 붉은 명자꽃 아래 그 이름 부르지 못하고 혼자 얼굴만 되뇌인다 바람결에 스치면 다시 살아나는, 명자

밥 묵자

　해가 기우는 틈으로 하루가 스며든다 골목은 서서히 색을 잃는다 먼지 낀 자전거 바퀴에 매달린 낡은 재잘거림, 빈 깡통 하나 구르다 멈춘 곳, 내가 서 있다

　등 뒤로 가을이 한 발 늦게 따라온다 발끝에서 어린 나의 신발이 자란다

　된장찌개의 보글거림이 담을 넘어 내게 닿는다
　어머니의 목소리가 천천히 저녁을 끌고 온다
　— 밥 묵자
　소리없는 입술로 되뇌이는 골목, 바람도 밥 냄새를 따라 움직인다

　이 골목을 지나야만 다시 저녁이 된다
　나는 아직
　그 어스름을 건너는 중이다

비의 변주곡

비가 내린다 머리맡이 점점 젖어갔다 누군가 내 이름을 불렀다

베갯잇이 먼저 젖었는지 내 눈이 먼저였는지는 중요하지 않았다 우리는 이미 충분히 이별했고 그 이별은 다시 젖는 중이었으니까

나는 무언가를 기억하려 애썼다 너의 눈빛, 너의 뒷모습, 너와 나 사이의 공기, 그러나 모든 것이 비에 씻겨 내려갔고 남은 건 단지 물의 무게였다 발끝까지 스며드는 감정 없는 감정

시간은 황도의 열네 번째 구간 어딘가를 지나고 있었다 바람은 불지 않았다 바람의 방향은 믿을만한 것이 아니었다

한때 너를 향해 불던 바람은 지금 어디로 가고 있는지, 돌아올 수 없는지, 돌아오지 않는지, 그 질문들만 내 안에서 계속 되풀이되었다

그리고 비는 아무런 대답 없이 단지 다른 리듬으로 내렸다 무너진 박자처럼, 끝나지 않는 악장처럼

다시, 오래된 이름 앞에서

그 골목에서
우리는 다시 마주 앉았다
너는 여전히 웃을 때 눈이 사라졌고
나는 여전히 말끝을 흐렸다
잊혀졌던 기억들이
순식간에 되살아났고
너의 사투리는 여전히
내 속을 데웠다
지금의 우리가
그때의 우리를 위로하며
서툴게 술잔을 건넨다
한참이나 말없이
눈을 맞췄다

그 시절, 우리는
지금보다 더 진실했다

나는 자주 우회한다

말보다 눈짓을
직선 대신 곡선을 선택한다

감정은 자주 포장되고
조심스레 묶어둔다

가끔은
포장된 그 감정에 속는다
그래야 덜 아프고 덜 들킨다

입가를 떠난 웃음은
나보다 오래 살아 있고
지워버린 발자국은
어느새 앞에서 걷고 있다

웃음 뒤의 그림자 너머
닿지 못한 구름 너머

나는
다시 우회한다

계단

문 뒤에 그놈이 있음을 안다
화석처럼 웅크리고 앉아
맘 급한 사람들을 기다리겠지

— 숨죽이며 숨죽이며
저 문이 열리기만 기다리고 있어
들린다 발자국 소리

'점검중'
붉은 글씨가 선명하게 박힌 엘리베이터
더러는 목적지를 바꾸지만
난 기꺼이 저 문을 열고
그놈의 아가리에 들어가기로 한다
단번에 올라가려던 내 계획은 실패했다

— 문이 열린다
햇살 한줄기 침잠하던 고요를 깨우고
생명수 같은 네 호흡이 그대로 내 척추를 타고 흐른다
이것이다, 내 존재의 이유

아우성치는 공기의 저항
비로소 너를 이해하기로 한다

\>

— 그래도 포기하지마

그것이 바로 내가 사는 이유인 것을

유효기간

시한부 판정을 받았습니다
3년이면 차갑게 식는다네요
믿을 수 없어요
나의 맹세는 불멸이에요
바그너와 멘델스존이 증인입니다

늘리고 늘린, 짜내고 짜낸 10년
그래요 십 년이면 오래 버렸어요
불은 꺼졌고 불씨마저 식은지 오래입니다

위태로운 줄에 매달려 우린 참 많이도 흔들렸지요
이미 오래전에 떠난줄 알면서도
여전히 그 자리를 지키려했어요

이제 보내줄게요
껍데기는 필요 없어요
불멸이라 단정 지은 나의 오만함을 용서하세요
멋대로 늘려버린 나의 불손함을 사죄드립니다, 안녕

바람으로

그는
몸을 벗고
말을 풀어
히말라야로 들어갔다

사람들은 말했다
그가 죽었다고

살아서 남기고 싶었던
딱 그만큼의 깊이와 투명함으로
그렇게 바람이 되었다

그는 어디에나 있었고
어디에도 머물지 않았다

그리하여 히말라야는
기도가 되었고
영원히 거기에 머물렀다
이름도 무게도 없이

천운

흔
사각의 방

서해안 고속도로 상행선
유리창 너머의 오후가
깨진 거울처럼 조각나 있었다

바퀴가 허공을 굴렀고
소리는 멀리서 따라왔다

나는 창밖으로 흩어진
내 얼굴을 주워담고 있었다

헛꽃

수국을 보았다
헛꽃이다

진짜는 잘 안 보여
화려한 겉치장으로 눈길 빼앗는 거야

그렇게나 잘 알던 너였는데,

내가 알던 건
겉이었다
너도 수국도

비가 내리고
꽃받침마다
그의 말들이 고여 있다

나는 그 말을
한 잎씩 떼어
가슴에 묻었다

갱년기

전쟁이다
아침이면 몸이 배신하고
저녁이면 마음이 뒤틀린다

끓는다
화산이 사방을 긁으며
이빨을 드러낸다

가슴은 뜨겁고
눈은 마른다
뼈마디마다 열이 끓는다
목소리를 잃어가고
인내도 모두 타들어 간다

나이 탓이야
지나가면 괜찮아져
쉽게 말하는 사람들 틈에서
나는 오늘도
전투복을 입는다

나로 살아남기 위해
마지막 전투를 시작한다

마침표를 찍다

철지난 옷을 정리하다
주머니에서 발견한 단풍잎 하나,
너 때문이었구나
마침표를 찍을 수 없던 이유가

11월, 덕숭산 가던 길이었지
마른 손을 내밀던 갈참나무 아래였어
무심히 건넨 단풍잎 하나에도
너의 마음인가 싶어
입안엔 단물이 고이고
마음은 한없이 설레었지

가볍기만 한 풍선껌
초라해진 모습으로 누워있는 지난 시간을 집어든다
뿌리내리지 못한 추억들이 형체도 없이 바스러진다

한번 날아가 버린 풍선은
다시잡기 힘들다는 걸 안 뒤로
매달리는 일은 그만두었다

다시 오마 약속했던 갈참나무 아래
거기 그 자리에서
마침표를 찍는다

침묵으로 말하다

미안해 사랑해도 아닌
눈빛도 문장도 아닌
약속도 마침표도 아닌

너는 말없음으로
모든 말을 하고 갔다

추억 하나 남기지 않은 너를
소리 내어 읽는다

그가 왔다

그림자가 길어졌다

문도 열지 않았는데
방 안이 젖었다

손이 없다
입술이 없다

다만
머뭇거리는 숨 사이로
익숙한 기척이 지나갔다

그의 눈동자에 나를 담고
꽃을 꺾듯
내 이름을 꺾었다

이름을 잃은 방에서
오래, 그의 냄새를 맡았다

붉은, 푸른, 검은 기도가
겹겹이 쌓여갔다

개심사 명부전

급커브 구간,
천천히 돌아야 했다

깨어진 유리 파편이 저녁 햇살에 반짝인다
욕망은 도로 위에서 더욱 단단하다

불면은 눅눅한 어둠을 갈아먹고도
좀처럼 죽지 않는다

하얀 벽에 그어지던 붉은 실금
길은 선을 넘지 않았다

가을이 다 타도록
개심사 명부전 아래 돌이끼 선명하다

슬픔을 토해낸
심장을 꺼내놓고도 오랫동안 살아있다

4부

오늘의 온도

허공을 가르며 빨래를 턴다 먼지처럼 햇빛을 흩뿌린다
길고양이 한 마리 골목을 지난다 바람도 냄새도 한낮의 정
적도 오래된 필름처럼 무음으로 흐른다

냉장고 문을 연다 김치 된장 그리고 계란 몇 개 어제와
별반 다르지 않다 어쩌면 그제도 그 전날도 그랬을 것이다
문을 닫는다 발끝이 차갑다 내가 아닌 것들로 채워진 오
후, 식탁에 앉아 식어버린 커피를 마신다 오늘의 온도가 식
은 커피처럼 입안에 퍼진다

네가 떠난 계절은 여러 번 돌아왔다 그 계절은 매번 조
금씩 다른 얼굴로 같은 자리에 나타났다 그럴 때마다 몇
번이고 너를 접었다가, 펼쳤다가, 다시 접는다 잊는데 실패
했고 익숙해지는 데도 실패했다

마트에 다녀오고,
빨래를 걷고,
TV를 켜고,

그렇게 오후 네시를 견뎌낸다

어둠의 무게

꿈이었다
점점 불어나는 물
물고기 한 마리
푸른 바다를 닮은 꿈
바다 한가득
여물지 않은 어둠
꿈과 물이 엉키고,
투신!
떠밀린 섬이
바다 한가운데로 뛰어든다
함몰하는
바다 밑 적요
침묵의 바다에서 건져 올린
나비 떼

다이어트

버릴 것을 생각한다
말의 무게를 줄이고
분노와 변명을 덜어낸다
잘 씹지 못한 감정은
속을 더부룩하게 한다
불필요한 비교는
밤늦게 찾아오는 공복 같다
욕망은
단맛으로 시작해
쓴맛으로 남는다
내 안의 군더더기들
불필요한 것들을 줄이며
한 줌 고요를 삼킨다

울지 않기로 했다

그래서 바람을,
그래서 나무를,
그래서 너를 지웠다

달빛 아래
울고 있는 건
전봇대 끝에 매달린 옛 노래
눈꺼풀에 박힌 이름
창문을 두드리다 날아간 새벽

나 아닌 것들이 울고 있다
배달되지 못한 편지
길게 놓친 숨
부재중 전화의 숫자들
발자국은 끝내 자리를 찾지 못했다

울음이 그림자를 따라왔다
달빛 아래 그 이름을 묻었다

입속의 말

입속에 갇혀있다
가시가 박힌 채
밖으로 나오지 못하고 부유하던 말

— 얼른 삼켜 버려, 네 얼굴에도 예쁜 꽃이 필거야

가시의 말은
목구멍을 넘나들었고
그는 쉽게 죽지 않았다

거울 속
모란 한 송이
붉은 피,
웃는다

나의 페르소나
나비의 날갯짓에
가시 달린 말은 입속에서 난다

나를 부르던 이름
— 시와 조각전, 두겹의 포말에 부쳐

시인의 이름으로 조각속을 걷는다
열 개의 시와 열 개의 형상

네 개의 방향으로 나를 찢어
조각들 사이에 눕힌다

나의 말은 조각 틈에 깃들고
조각가의 숨결은 내 시에 머문다

모래처럼 부서지는 기억과
물속에서 피어오른 한숨과
살아있음의 경계에 놓인 침묵들

그 모든 것들이, 겹으로 피어났다

간월도

바닷물이 물러나자
달이 내려왔다

갯벌 위
은빛 그림자

하늘과 땅의 경계가 사라진다
물고기가 하늘에 떠 있다

불을 삼킨 등대
비워낸 바다

잠깐, 그곳에 있었다
지도에는 없는

배송 중입니다

덕숭의 벌판엔 지금
인플루언서들이 웃고 있어요
우리가 발을 담갔던 바다는
촬영지로 예약되어 있고요

라면은 또 불었고 나는 또 울었지만
다행히도 우는 얼굴은 유통기한이 짧아요

당신은 입버릇처럼 말했죠
세상은 택배라고
조금 늦어도 결국은 온다고

그래서 보냈어요
당신의 말들, 빈 껍데기, 불어터진 라면발까지
어쩌면 정상 부근 어딘가에
당신의 말풍선이 날리고 있을지도 모르겠군요

늦더라도 걱정은 말아요
배송 중이니까

당신은 무심하게 클릭만 반복했죠

미경이

그녀가 죽었다

암이 온몸으로 퍼졌단다 급성으로 와서 급성으로 간, 우
리들이 미갱이라고 놀려도 화를 내기는커녕 오히려 미갱이
라 미안하다며 환히 웃던 친구, 알퐁스 도데의 '별'을 좋아
했지 안톤 슈낙의 '우리를 슬프게 하는 것들'을 보면 괜히
가슴이 울렁거린다며 눈에서 별 한 줌 쏟아내곤 했어 그땐
이해하지 못했어 슬퍼서 아름답다는 말, 너무 아름다우면
눈물이 난다는 그 말을

그녀가 웃고 있다
그래, 통증도 너의 미소는 뺏어가지 못했구나
길잃은 별 하나가 꽃들에 기대 마침내 편히 쉬고 있구나

산다는 건
숟가락 하나 드는 일인데
숟가락 내려놓은 너는 웃고
숟가락 든 나는 울고 있다

선택적 기억

날아간다
검은 새가 날아간다
하늘은 멈춰 있고 밤이 흐른다
새의 입에는 자갈이 물리고
한쪽 날개 뜯긴 채 서쪽으로 날아갔다
허기진 구름은 달을 먹어버렸다
너덜해진 기억을 꿰매
다림질한다
왜곡은 없다고
모든 건 마음에 달렸다고
중얼거리는 뜬구름
찢긴 날개 하나
서랍 속에 잠든다

낯선 사람

낯선 사람이 서 있다

눈빛은 어릴 적 나를 닮았는데
주름은 모르는 사람의 것이다

안에서 튀어나온 이름을
접고 또 접어
주머니에 넣는다

묻지도 않았는데
해명하고 싶은 말들이
잎맥처럼 번진다
그런 말들을
하루에 하나씩 삼킨다

아직도
누구에게도 보여주지 않은 얼굴이
하나쯤은 있다고 믿는다

그 얼굴은
밤에만 운다

이름값

분꽃씨처럼 까만 눈을 가진
― 앙리 갸르쏭 드 오를레앙 부르봉 꽁데

긴 이름처럼 오래 살라고
귀한 이름처럼 멋지게 살라고

이름값은 어디에 팔았는지

너머 세상에 분꽃이 핀다

Biei*

북해도엔 끊어진 내력이 하늘로부터 내려온다

오래되었다
너를 기다린 지
기다림의 부피는 영하 10도를 가리키고
세상을 흔들던 기관차 소리는
청어의 지느러미처럼 미끄러져 갔다

크리스마스트리!
넌 나를 이렇게 부르곤 했지

— 잘 지내, 이제 갈 시간이 되었어, 어디에 있던 널 기억
할 거야

더이상 주인이 주인이지 못한 곳, 비에이

홀로 서 있다
그리움은 죽지 않았다

* 비에이, 크리스마스트리가 있는 북해도의 마을 이름, 설경이 특히 아
  름답다

숫자놀이

침대에 죽음이 누워있다
힘없이 내려간 손
꺼진 눈
물기 잃은 가지는 앙상하다
함께 가자던 말에선 향내가 나고
담장은 높다
어스름 내릴 때까지 걸어가던 길, 돌아와
10에 멈춘 숫자
무너져내리는 기억 저편
위안은 멀다

몸에는 꽃이 피고, 더 피고, 더 더 피어서
바닥과 맞닿아 있다
숨표는 쉼표가 된다

유두교를 걷다

태양을 담은 들숨
해풍을 따라가고

하늘을 품었던 바다는
곰 같은 아들을 낳고

아들의 아들은 자꾸만
뭍으로 나가고

하루 두 번
물길 열리면
곰의 발자국을 찍으려는 사람들

밀물과 썰물이 만들어 준 갯벌엔
사는 것이 역사가 된 천년의 기록이 펼쳐지고

웅크린 곰의 옆구리를 지나, 유두교
하루를 건너는 발걸음이 물에 잠기면

반송 위로 노을꽃
하늘 가득 번진다

가을, 개심사

비에게서
가을을 듣는다

붉은 추심秋心에
가던 발길 돌린다

청벚꽃 필 때 다녀간 마음들이
배롱나무에 붉게 물들어 간다

심검당
피안의 뜰에 노을이 내리고
긴 그림자 하나 산으로 간다

나는
받는 이 누구라도 좋을 가을을
그곳에 걸어 두었다

화양연화, 그 후

　순간의 방심이 불러온 비극이라고 남들은 쉽게 말하지만
나는 알아 그건 처음부터 예정된 일이었다는 걸 어디선가
작은 틈이 생겼지만 우린 그걸 무시했어 그때 우린 자만에
눈멀었지

　불안의 징후는 점점 더 뚜렷하게 다가왔어 작은 틈이 만
들어낸 균열은 모든 걸 집어삼키고 있었지 굴러온 돌멩이
하나가 전체를 떠받치고 있었어 마치 처음부터 그곳에 있
던 것처럼 자연스럽게 한 축이 되어 있었지 어쩌면 균열은
깨어지기 위한 전제조건인지도 몰라 돌멩이 문제가 아니었
는데 돌멩이만 탓했어 정작 잘못은 문제를 문제로 인식하
지 못한 너와 나, 우리였는데

　기억은 생각보다 가볍고
　우리가 사랑이라 불렀던 것들은 믿음보다 쉽게 흩어졌어

　때론 장미보다 들꽃에 더 마음이 가듯
　가끔은 피우지 못한 사랑이 더 오래 남기도 해
　그래서였어 너를 건넌 건,
　삶의 모든 순간이 너였으니까

공간 이미지로 직조하는 사랑의 서사

김명원 시인, 대전대 교수

공간 이미지로 직조하는 사랑의 서사

김명원 시인, 대전대 교수

시인은 이미지로써 표현하고자 하는 세계 인식을 공간적으로 창조해 낸다. 이렇게 생성된 이미지는 세계에 대한 시인의 정서적 반응을 총체적으로 가시화한 것이 된다. 그런 측면에서 상상력이 창조한 이미지는 실존 그 자체가 되기도 한다. 새로운 세계, 새로운 삶의 존재 방식을 탐색하기 위해서는 언제나 새로운 이미지 창조가 요구된다. 이런 점에서 시란 본질적으로 새로운 이미지에 대한 갈망이라고 할 수 있다. 하지만 모든 이미지들이 그 자체로서 창조적인 의미공간을 형성하는 것은 아니고, 시적 공간 속으로 들어와 구조화될 때 그 의미를 갖는다.

이미지가 구조화된다는 것은 곧, 언어적 질서와 문법에 의해 코드화된다는 것을 뜻한다. 이미지가 코드화될 때,

이미지는 단순한 단어에 머물지 않고 과거의 경험을 초월하는 하나의 기호체로서 작용하게 된다. 이 기호체 혹은 상징체는 시인의 내부적 세계와 외부적 세계를 융합하는 하나의 표상 세계로서 다의적인 의미를 생성해 낸다. 하나의 기호체로서 살아 있는 역동적인 이미지는 실버만이 지적한 대로 내장적인 것이다. 이와 같이 기호체로서의 이미지는 신화의 세계처럼 많은 의미를 감추고 있다. 그러므로 우리가 텍스트 속에 조직화되는 원리, 즉 언어적 문법과 질서를 탐색해야 하는 작업이 요청되는 것이다.

인간이 공간적 존재이듯이, 기호로서의 이미지도 공간을 내포하고 있다. 이때 공간은 수평적 공간과 수직적 공간을 중심으로 하위 단위의 무수한 공간들로 분절하게 된다. 이런 측면에서 텍스트에 내재한 이미지 구조에 대한 탐색은 조직화의 원리뿐만 아니라 공간성의 의미를 파악하는 일이 되기도 한다. 이와 같은 시각에서 박영화 시인의 미적 체험인 정서가 새로운 이미지로 융기할 때 어떤 탁월한 원리에 의해 의미로 산출되는지를 공간 기호의 차원, 즉 공간 현상적으로 어떻게 으밀아밀하게 직조되었는지를 살펴보기로 한다.

말끝에 핀 웃음 하나에도 입꼬리가 달아올랐다 서툰 고백은 분홍빛 솜사탕처럼 부풀었고 혀끝에 닿을 듯한 숨결은 씹을수록 달콤했다 그때는 공기마저 달달했다 이제 단물 빠진 시간처럼 삼키지 못한 말들이 입안에서 질겅거린다 그럼에도 차마 놓을 수 없어 담아두었던 것들이 있다 익숙해진 온도, 손톱 끝에 남은 향기나 티셔츠에 묻은 웃음 같은 것들, 버리

기엔 조금만 더, 하고 붙잡았던 것들이

　사랑은 오래 묵을수록 모양을 잃어갔다 처음의 달콤함도,
말랑거림도 더이상은 찾을 수 없었다 무표정한 딱딱함을 견
디지 못하고 끝내 우린 서로를 뱉어냈다

　길을 걷다 어디선가 익숙한 향이 퍼질 때, 오래된 냄새가
불쑥 내 속을 건드린다 질겅거리는 추억 하나가 발끝에 붙어
따라온다
　　—「조금 오래」 전문

　시집의 표제시 「조금 오래」는 시적 화자가 '길'을 걷다가
익숙한 향을 맡게 되고, 그 오래된 냄새로 인하여 질겅거
리는 추억 하나의 본체를 펼쳐 보이고 있다. 사랑의 감정이
처음에는 달콤하고 설렘이 가득하지만, 시간이 지나면서
점차 무뎌지고, 결국엔 그 감정이 소멸하는 과정들을 '길'이
라는 공간 이미지에서 시간의 진행으로 나열하고 있는 것
이다.
　시의 첫 연은 사랑의 초기 감정을 매우 감미롭고 부드럽
게 묘사해 낸다. "말끝에 핀 웃음"이나 "서툰 고백은 분홍
빛 솜사탕처럼 부풀었고"와 같은 감각적인 표현을 통해, 사
랑을 감지하는 순간이 얼마나 매혹적인지를 시각으로 강조
하고 있다. 사랑의 진입 과정이 흥분이 가득했음을 보여주
는 단서들이 계속하여 이어지는데, "혀끝에 닿을 듯한 숨
결은 씹을수록 달콤했다"라는 성애적인 표현으로 사랑이
깊어질수록 점차 상대를 맛보고 느끼는 미각이 배가하는

것을 증거해 내고 있다.

하지만 시간이 흐름에 따라 사랑의 가열했던 초기 감정은 점차 변하고 흐려져서 사랑의 종말에 대한 계고를 가감 없이 드러내게 된다. "단물 빠진 시간처럼 삼키지 못한 말들이 입안에서 질겅거린다"는 것은 사랑이 식고 난 후 남은 후회와 더 이상 돌이킬 수 없는 잔여 감정을 직시하는 독백이다. 그럼에도 불구하고, "차마 놓을 수 없어 담아두었던 것들이 있다"는 부분에서는 미련이 쉽게 버려지지 않음을 진솔하게 표출한다. 사랑이 끝났음에도 여전히 초기의 감정이나 기억을 놓지 못하는 마음을 스스로에게 들키고 있는 것이다. "익숙해진 온도"와 "손톱 끝에 남은 향기"처럼 사랑이 지나간 후에도 남아 있는 감각들, 즉 시간과 감정이 만들어간 흔적들이 여전히 잔존함을 숨기지 않고 있다.

두 번째 연은 시간의 진행에 따른 사랑의 변화와 그로 인한 갈등을 섬세하게 표현해낸다. 사랑은 오래 묵을수록 모양을 잃어갔다는 것은 사랑의 감정이 습관처럼 익숙해지면서 변해가는 과정을 암시하고, 처음의 달콤함도 말랑거림도 더 이상은 찾을 수 없었다는 것은 사랑의 초기 단계에서 느꼈던 열정이 사라짐을 씁쓸하고 애절하게 나타낸다. 그렇기에 무표정한 딱딱함을 견디지 못하고 상대와의 관계가 굳어져간 결말로 "끝내 우린 서로를 뱉어냈다"는 진술은 결국 감정이 식어 변질되어 더 이상 서로의 유대를 유지할 수 없음을 드러낸다. 사랑을 끝내게 되는 정황인 셈이다.

시인은 「조금 오래」에서 '길'이라는 긴 행보를 통해 사랑의 실체를 역설하고 있다. '길'은 그 자체만으로 인생의 다양한 측면을 상징하는 중요한 메타포로 작동한다. 목표를 향한 여정이나 선택과 갈림길, 혹은 성장과 변화 등 여러 의미를 내포하는 연유이다. 특히 문학이나 예술에서 인생을 비유하는 중요한 요소로 자주 등장하는데, 시인은 인용시에서 운명의 흐름으로서 '길'이라는 공간 이미지를 차용하여 사랑의 순차적인 본질을 정의하기에 이른다. 그리고는 '길' 위에서 만나게 되는 '햇빛다방'과 '장미미용실'이라는 아늑한 밀실 공간들로 독자들을 안내하여 사랑의 서사를 이어간다.

문을 열자 종소리가 한 시절을 깨운다
시간의 틈새가 벌어진다
누렇게 바랜 벽지와 붉은 벨벳 소파가 나를 반긴다
누군가의 사랑과 이별을 견뎌냈을 가구들,
그 위에 조심스레 나의 몸을 포갠다
밖은 2025년이었지만
이곳은 여전히 1980년 속에 머물러 있다
눅눅했다
비에 젖은 담배 냄새와 가죽 냄새, 그리고
한참 전에 끓여낸 커피의 잔향이 함께 뒤엉켜
어깨 위로 천천히 내려앉았다
노란 커튼 사이로 오후가 기울어지고 있었다
손끝으로 느껴지는 컵의 온도
머무는 듯 흘러가는 음악
느릿하게 깨어나는 감각들
마치 그 다방이 아직도 끝나지 않은 너를 송출하는 듯했다
한 귀퉁이에 우리의 시간을 내려놓는다

오래된 문장이 햇빛을 밀고 나왔다

—「햇빛다방」전문

　시적 화자는 햇빛다방의 '문'을 열자 종소리가 한 시절을 깨우고 시간의 틈새가 벌어진다고 간파해 내고 있다. 이때의 '문'은 물리적인 공간 기호가 아니라 경계와 전환의 상징으로 드러난다. 즉 인용시에서 '문'은 내부와 외부, 과거와 현재, 자아와 세계 등을 구분하는 매제로 작용한다. 이 중에서도 특히 '문'은 현재라는 공간적 차원에서 과거라는 공간적 차원으로 바뀌는 변환의 도구로 사용되고 있다. 시간이 돌연 2025년에서 1980년으로 전화轉化하는 마법의 경계인 문을 넘는 순간, 화자의 경험이나 인식이 확연히 변한다는 점에서 '문'은 신비한 공간 이미지로 현현한다.

　문을 열고 들어서자 햇빛다방의 내부가 세세하게 그려지고 있다. 누군가의 사랑과 이별을 견뎌냈을 가구인 붉은 벨벳 소파에 조심스레 화자는 몸을 포개며 손끝으로 느껴지는 컵의 온도로 감미로운 촉각 이미지를, 어깨 위로 천천히 내려앉는 비에 젖은 담배 냄새와 가죽 냄새, 한참 전에 끓여낸 커피의 잔향을 시 전체에 후각 이미지로, 누렇게 바랜 벽지와 노란 커튼 사이로 오후가 기울어지는 시각 이미지를, 그리고 머무는 듯 흘러가는 음악으로 청각 이미지를 입체적으로 직조하면서 이러한 두터운 공감각적 이미지를 "느릿하게 깨어나는 감각들"이라고 묘파한다.

　시의 마지막 부분에서 시「햇빛다방」은 예열을 끝낸 발열 반응이 시작된다. 이는 "마치 그 다방이 아직도 끝나지 않은 너를 송출하는 듯했다"는 고백에서 드러나는데, 햇빛다방은 과거 우리가 함께였던 공간임이 노출되면서 "한 귀퉁이에 우리의 시간을 내려놓는다"는 회억의 단초를 제공한다. 시적 화자는 그 시간을 이 공간에서 감지하며 옛사랑의 흔적을 감식하고 있다. 그리고 이러한 추억들은 "오래된 문장이 햇빛을 밀고 나왔"기에 이토록 감미롭고도 애절한 시 「햇빛다방」으로 발현하고 있는 것이다.

그렇기에 시가 마무리되는 시점에서 '문'은 다시금 기회의 상징이라는 공간 기호로 거듭난다. 과거 햇빛다방의 한 귀퉁이에서 사랑을 나눈 열락은 아직도 끝나지 않은 너를 송출하고, 그 '사랑을 기록'하여 '아름다운 시'로서 완성해 낸 연유이다. 이때 '문'은 새로운 기회이자 가능성을 여는 상징 기호로서 작동한다. 시인은 문을 열고 들어가는 행위를 통해 경계를 넘어서는 변화와 전환, 또는 신선한 시작詩作이라는 기회를 의미하는 복합적인 상징성을 만들어내고 있다.

꽃은 그리움이라 했지 장미향 진하게 코끝을 타고 흐르는 날이었어 라디오에선 사랑이 필요할 뿐이라는 비틀즈의 목소리가 꿈결처럼 들려왔지 늙은 고양이 한 마리 꼬리를 살랑이며 리듬을 타고 있었어 넌 좌우대칭까지 맞춰가며 두 손을 움직이고 있었지 그런 너의 눈초리가 제법 진지했나 봐 낯선 눈빛에서 읽어내는 경계 불안은 전염성이 강해 마른침을 삼켜

어떻게 해드릴까요?
장미 스타일?
내 눈은 부지런히 네 손을 쫓고 있어 장미꽃이 예쁘게 피고 있었어

눈빛과 눈빛이 얽혀들며 우린 서로 마주 보고 웃었어 한낮
의 햇살이 유리창에 부서졌다 돌아가는 사이 이번엔 잘 안 풀
어질 거라는 너의 말 아무렴 술술 풀리기만 하면 재미없지 줄
장미 넝쿨에도 걸리고 매듭처럼 꼬이기도 해야 제맛이라며 넌
은근히 이 순간을 즐기고 있었지 한낮이 어느새 풍선처럼 부
풀어 오르고 천장에선 분홍 나비 여럿 날아다녔어 순간 거울
건너편으로 어미 같은 불두화 한 송이 피어났지

(중략)

커피, 라디오, 비틀즈, 고양이, 나비 그리고 불두화 한 송이
장미미용실에는 그리운 이름들이 살고 있어
　　—「장미미용실」 부분

　비에 젖은 담배 냄새와 가죽 냄새, 그리고 한참 전에 끓
여낸 커피의 잔향이 함께 뒤엉켜 어깨 위로 천천히 내려앉
자 사랑의 추억을 불러들이는 '햇빛다방'에서처럼 시적 화
자는 장미향 진하게 코끝을 타고 흐르는 날, 상호도 상큼
한 '장미미용실'에 들어선다. 미용실은 외모를 개선하여 자
신을 새롭게 정의하거나 과거의 이미지를 벗고 새로운 자신
을 만들어가고자 하는 의지를 함의하는 상징적인 공간 기
호이다. 즉 미용실은 자기 변신을 위한 새로운 시도와 새로
운 출발을 내시한다.
　또한 미용실은 회복과 힐링의 공간으로도 여겨진다. 사
람들이 머리를 자르거나 스타일링을 받을 때, 단순히 외모

를 바꾸는 것뿐만 아니라 심리적 재정비나 휴식을 얻는 경우가 많기 때문이다. 미용실에서의 경험은 자신감을 회복하거나 스트레스를 풀기 위한 시간이 될 수 있다. 흔히 미용실에서 머리를 하고 나면 마음이 편안해진다는 것은 미용실이 감정적 재충전이나 정신적 회복을 위한 공간으로도 기능한다는 의미이다. 그리하여 새로운 머리 스타일은 과거와의 단절, 혹은 과거를 삭제하고 새로운 시작을 다짐하는 재탄생의 장소로 거듭나는 것이다.

더불어 다른 사람들과 소통하는 공간이기도 하다. 고객은 미용사와의 진솔한 대화를 통해 자신의 감정이나 고민을 털어놓기도 하고, 함께 머리를 하는 이웃들과의 유대를 통해 미용실이라는 공간은 심리적 거리를 좁혀주는 사회적 교류 장소로 여겨진다. 또한 사람들은 미용실에서 자신을 개성 있게 표현하기도 하고, 최신 유행에 맞는 스타일을 원하기도 하며 사회에서 기대하는 미적인 기준을 충족하려 하므로 문화 공간으로도 볼 수 있다. 이러한 공간 이미지들을 충족시키기 위해 시인은 장미미용실 내부에 사랑이 필요할 뿐이라는 비틀즈의 라디오를 켜두고, 꼬리를 살랑이며 리듬을 타고 있는 늙은 고양이 한 마리를 등장시키고, 좌우대칭까지 맞춰가며 두 손을 부지런히 움직이는 제법 진지한 눈초리의 미용사를 출연시킨다.

미용사는 화자에게 "어떻게 해드릴까요? 장미 스타일?"이라고 묻고 "눈빛과 눈빛이 얽혀들며 우린 서로 마주 보고 웃었어"라고 서로의 교감을 전언한다. '장미미용실'이라는 점과 '장미향 흐르는 날'이라는 점에 착안해서 시적詩的으로 '장미 스타일'을 이야기하며 "이번엔 잘 안 풀어질 거라는 너의 말, 아무렴 술술 풀리기만 하면 재미없지, 줄장미 넝쿨에도 걸리고 매듭처럼 꼬이기도 해야 제맛"이라고 우회적으로 재치 있게 사랑의 본질과 인생의 참맛을 빗대어 설파하고 있다. 그렇기에 시의 마지막에 커피, 라디오, 비틀즈, 고양이, 나비 그리고 불두화 등 다양한 사물들을 열거하여 "장미미용실에는 그리운 이름들이 살고 있어"서 사랑이 움트고 인생에 대한 문학적인 사유가 발화하는 공간임을 피력하는 것이다. 즉 '장미미용실'은 외적인 변화뿐만 아니라 내적인 교감과 정서를 함께 이끌어내는 중요한 공간 기호가 된다.

해가 기우는 틈으로 하루가 스며든다 골목은 서서히 색을 잃는다 먼지 낀 자전거 바퀴에 매달린 낡은 재잘거림, 빈 깡통 하나 구르다 멈춘 곳, 내가 서 있다

등 뒤로 가을이 한 발 늦게 따라온다 발끝에서 어린 나의 신발이 자란다

된장찌개의 보글거림이 담을 넘어 내게 닿는다
어머니의 목소리가 천천히 저녁을 끌고 온다
— 밥 묵자
소리없는 입술로 되뇌이는 골목, 바람도 밥 냄새를 따라 움직인다

이 골목을 지나야만 다시 저녁이 된다
나는 아직

그 어스름을 건너는 중이다
— 「밥 묵자」 전문

그 골목에서
우리는 다시 마주 앉았다
너는 여전히 웃을 때 눈이 사라졌고
나는 여전히 말끝을 흐렸다
잊혀졌던 기억들이
순식간에 되살아났고
너의 사투리는 여전히
내 속을 데웠다
지금의 우리가
그때의 우리를 위로하며
서툴게 술잔을 건넨다
한참이나 말없이
눈을 맞췄다

그 시절, 우리는
지금보다 더 진실했다
— 「다시, 오래된 이름 앞에서」 전문

햇빛다방과 장미미용실이 있는 상가들과 주거 집들 사이에 존재하는 정겨운 '사이 공간'이 바로 '골목'이다. 그 골목은 우리의 유년 시절 방과후에 아이들이 쏟아져 나와 고무줄놀이, 숨바꼭질, 구슬치기를 하며 놀았던 놀이공간이었다. 어둠의 깃털들이 고요히 내려앉는 저녁이 어스름하게 번지면 봉당 불빛들이 밝혀지기 시작하는 집집마다 아이의 이름들이 불려지곤 했다. 순자야 밥 먹어라, 영화야 밥 묵자, 라고 외치는 어머니들의 따뜻한 호명인 것이다. 그러면 정신없이 열중해서 놀던 놀이를 마감하고, 내일 만나자는 약속을 다짐하며 한 명씩 집으로 들어서 가던 그 골목은 여전히 우리들에게 애틋한 향수鄕愁의 공간으로 남아 있다.

시적 화자는 시 「밥 묵자」의 서두에서 "해가 기우는 틈으로 하루가 스며"드는 시각이면 "골목은 서서히 색을 잃는다"고 골목 정경을 프레임으로 상정하고 있다. 먼지 낀 자전거 바퀴에 매달린 낡은 재잘거림과 빈 깡통 하나 구르다 멈춘 골목에서 시간의 흐름과 공간의 기억 속에 정지해 있는 존재로 시인은 위치한다. 과거와 현재, 기억과 현실 사이에서 중첩된 자아의 모습이 서정적으로 그려지는 장면이다.

그리고는 "등 뒤로 가을이 한 발 늦게 따라"오고 "발끝에서 어린 나의 신발이 자란다"며 지금 이 골목을 걷고 있는 화자는 성인이지만, 그 골목에서 과거의 어린 자신과 조우하고 있음을 표상한다. 골목은 바로 성장의 무대이자 추억을 호출하는 시간의 흔적으로 기능하고 있다. 이는 곧이어 된장찌개의 보글거림이 담을 넘는 "밥 묵자"는 어머니의 목소리가 천천히 저녁을 끌고 오게 하여 청각과 후각을 자극하는 그리운 소리와 구수한 된장 냄새를 두텁고도 따스하게 연결시킨다. 음식 냄새와 어머니의 목소리는 단순한 배경이 아닌 정서적 귀속감을 강화하는 요소들인 까닭이다.

시의 마지막 연에서 골목을 지나야만 다시 저녁이 되고, 아직 그 어스름을 건너는 중이라는 것은 시적 화자가 과거의 골목이 부여하는 정취에서 벗어나지 못하고 있음을 시사한다. 단지 저녁 시간을 의미하는 것이 아니라, 아련한 옛 장면 속에서 아직도 떠나지 못한 심경을 드러내고 있다. 그리하여 인용시는 골목을 단순한 공간이 아닌 '회상의 장소', '시간의 통로'로 상징화하는 수작이다. 골목이라는 구체적인 공간을 통해 하루가 저무는 시간인 저녁, 유년의 흔적을 따라 밥 냄새와 어머니의 사랑이 교차하면서 내적 여정을 수묵화처럼 그려낸다. 정교하고 감각적인 언어로 골목이라는 공간에 축적된 시간, 기억, 정서를 아름답게 풀어내어 세월에 갇힌 유년 시절의 자신과 어머니를 절절하게 회억하는 눈물겨운 내면 풍경이다.

인용시 「다시, 오래된 이름 앞에서」 역시 "그 골목에서 우리는 다시 마주 앉았다"는 구절에서 공간적 상징성이 중요하게 다가온다. 골목은 단순한 물리적 공간이 아니라 과거의 기억을 불러일으키는 회고 공간이 되기 때문이다. 과거와 현재가 교차하는 골목에서 "너는 여전히 웃을 때 눈이 사라졌고/ 나는 여전히 말끝을 흐렸다"는 부분은 두 사람 사이의 미세하지만 중요한 변화가 없음을 암시한다. 세월이 지나도 여전히 두 사람의 성정은 그대로임을 상기시키고 있다.

"지금의 우리가 그때의 우리를 위로하며"라는 표현은 시간이 흘러 서로 다른 사람들이 되었음을 인정하면서도, 여전히 서로에게 위로를 주고받는 관계임을 간파하게 한다. 술잔을 건네며 한참 말없이 눈을 맞추는 공감은 말로 다 표현할 수 없는 감정이 오롯이 눈빛을 통해 전달되는 순간을 포착하고 있다. 시의 마지막 "그 시절, 우리는 지금보다 더 진실했다"는 구절이 이 시의 핵심적인 메시지를 전달한다.

미숙했던 그때가 오히려 진심이 담겨 있었고 진실되었다

는 고백적 의미가 강하게 드러나 현재의 우리가 그때의 우리와 달리 성장과 변화 속에서 놓치고 있는 순수함에 대한 아쉬움을 담고 있는 연유이다. 이 시는 골목을 단순한 공간이 아닌 '재만남의 장소', '관계의 연속성'으로 표징한다는 점에서 우리 모두에게 조우의 가능성을 열어주고 있다. 골목에서 다시 만나 과거의 진실했던 감정과 현재의 미묘한 감정이 맞닿는 순간, 그 자체로 시간의 울림과 사람 사이의 진정성을 동시에 느낄 수 있게 해준 골목은 재회의 공간 기호가 된다.

저녁빛이 창틀에 기대어 있다

정류장 벤치 위, 빈 종이컵 하나

책갈피 속 마른 꽃잎에 손끝이 오래 머물던 오후

불러도 닿지 않는 마음이 여전히 벽에 걸려 있는 방

오래전 멈춘 시계를 서랍 속에 넣고 다시 잠그는 일

혼자 도는 소행성, 그림자도 두고 떠나는 것

너의 이름을 부르지 않고 지난 하루는 빈 껍데기

발자국도 남기지 않고 등을 돌린다
— 「쓸쓸」 전문

시 「쓸쓸」은 일상속에서 흔히 보는 풍경이나 사물들을 통해 느껴지는 공허함과 외로움을 세심하게 포착하고 있다. 시 전체를 관통하는 애상스러운 정서는 마치 오래된 사진첩을 한 장씩 넘겨보는 듯한 숨겨진 이야기의 발화 형식으로 이어진다. 저녁은 치열했던 하루가 이우는 때이므로 "저녁빛이 창틀에 기대어 있다"라고 표현하여, 하루를 비추던 강렬한 빛이 주춤 머무는 상태처럼 마음마저 고요의 심연에 기대고 있음을 보여준다. 시간의 흐름이 멈추어 낮과 밤의 사이 저녁을 드리우듯 화자는 과거와 현재의 접점에서 머물게 되는 것이다.

　창틀 너머로 보이는 정류장 벤치 위에는 빈 종이컵 하나가 덩그러니 놓여있다. 정류장 벤치는 떠나가는 사람들이 잠시 머무는 공간으로 거기에 놓여있는 빈 종이컵의 '빈'이라는 단어는 더 큰 허무감을 자아낸다. 떠난 자리이거나 사라진 시간에 대한 환유이기 때문이리라. 종이컵은 남아 있지만 내용물은 비어 있어 더 이상 쓸모없는 결여缺如된 상태로 마음마저 텅 비어 있다는 느낌을 부여하고 있다. 이는 화자의 심경과도 동일시되는 부분일 것이다.

　다시 시점은 방 안으로 이동하여 책갈피 속 마른 꽃잎에 손끝이 오래 머물던 오후를 떠올리고는 지나간 어느 한순간이 아직도 마음속에서 부표처럼 떠오르고 있음을 드러낸다. 이어 불러도 닿지 않는 마음이 여전히 벽에 걸려 있는 방에 눈길이 머문다. "불러도 닿지 않는 마음"은 대화나 소통이 이루어지지 않아 서로의 감정을 전달할 수 없는 고립감을 표현하고 있고, 이 마음은 '벽에 걸려 있는 방'이라는 공간 속에 갇혀 있어 관계의 단절을 강조한다.

방 풍경과 화자의 행동이 계속 소개되고 있는데, 오래전 멈춘 시계를 서랍 속에 넣고 다시 잠그는 일이 바로 그러하다. 시계는 시간을 나타내는 중요한 단서로 "멈춘 시계"는 과거의 어떤 순간이 멈춘 채로 그 자리에 남아 있다는 의미이고, 이 시계를 서랍에 넣고 잠근다는 것은 그 과거의 시간을 다시 열어보지 않겠다고 결심하는 결연함을 보여준다.

그렇다면 남겨진 것은 혼자 도는 소행성으로서 고독을 감내해야 하는 시인 자신이다. 소행성은 자신만의 궤도를 돌고 있으며, 그 어떤 의지 대상을 붙잡거나 의존 상대에게 붙들리지 않음을 확언하는 장치로 '소행성'과 자신을 일치시키고 있다. 그림자도 두고 떠나 발자국도 남기지 않고 등을 돌린다는 다짐은 떠날 때 어떤 흔적도 남기지 않겠다는 확고한 의지에 다름 아니다. '창틀', '정류장 벤치', '벽', '방', '서랍' 등을 시인은 결별 후의 감정을 지시하는 공간 기호로 다양하게 활용함으로써 시가 지닌 쓸쓸한 고적감을 한층 적절하게 안배하고 있다.

신은 지루했다 그래서 인간을 만들었다

인간은 진지했다 그래서 비극이 생겨났다

인간은 운명을 믿었고
신은 그것을 잊었다
운명이 장난감처럼 굴러다녔다

신은 웃었다

인간은 울었다

비극은 고통을,
고통은 사유를,
사유는 의심을 낳았다
의심은 신을 죽였다

제단은 무너졌고
끝나지 않은 무대엔
나만 남았다
―「디오니소스의 메모」 전문

디오니소스는 제우스와 인간 여성 세멜레의 아들로 그리스 신화에서 포도주, 축제, 연극, 환희, 광기, 생명 등을 다스리는 신으로 알려져 있다. 그는 신과 인간의 이중적 정체성을 가져서 신적인 힘을 통해 인간의 억압된 감정이나 욕망을 해방시켜 주는 존재이다. 시「디오니소스의 메모」는 신화적이고 철학적인 사유를 통해 인간 존재와 신의 관계를 탐구하는 심오한 주제를 담고 있다. 각 구절에서 나타나는 소주제로는 신, 인간, 의심, 고통, 운명, 그리고 단호한 자기 성찰로 귀결된다.

인용시의 초입에서 신은 지루해서 인간을 만들었다는 아이러니한 인간 창조의 동기가 충분히 풍자적이다. 그렇게 탄생한 인간은 자신의 존재에 대해 진지하게 생각하지만 그 진지함이 결국 비극적인 상황을 초래하여 인간은 자신의 운명과 존재를 심각하게 고민하고, 그로 인해 고통과 비극이 발생하는 전개는 그대로 자조적이다. 인간은 운명에 대한 믿음을 갖고 있지만, 신은 그 운명을 잊고 있다는 것은 인간의 믿음에 대한 중요성을 간과했거나 그들이 믿는 운명을 외면했을지도 모른다는 해석을 가능하게 하기 때문이다.

그리하여 "운명이 장난감처럼 굴러다녔다"는 비약적인 비유는 운명이 더 이상 신의 손에 의해 통제되지 않고, 마치 장난감처럼 자유롭게 굴러다녀 인간의 삶이 통제 불가능한 무질서 속에 놓여있음을 고지한다. 신은 웃고 인간은 울었다는 극단적인 대조를 통해 신의 존재가 인간의 고통을 인식하지 못하거나 인간이 겪는 고통을 웃음으로 받아들이는 혹독한 대비의 상황을 보여주고 있는 것이다. 이는 비극적 상황에서 고통이 파생하고, 고통은 인간을 사유하게 만들며, 그 사유는 결국 의심을 낳게 한다. 인간은 고통을 통해 존재의 의미와 삶의 목적을 고민하며, 그 과정에서 신이나 운명에 대한 의심이 생겨난다는 깊은 철학적 관점을 다루는 것이다.

시인은 마침내 "의심은 신을 죽였다"라고 확언하며 인간이 더 이상 신을 믿지 않게 되거나, 신에 대한 신뢰가 무너짐을 계고한다. 신을 향한 믿음이 흔들릴 때, 신의 존재 자체가 사람들의 마음속에서 사라진다는 확증인 것이다. 이어 "제단은 무너졌고 끝나지 않은 무대엔 나만 남았다"에서 '제단'은 신을 위한 장소이므로, 그 제단이 무너졌다는 것은 신에 대한 신념이나 종교적 가치가 무너졌음을 뜻한다. "끝나지 않은 무대"는 삶이나 인간 존재의 끝을 알 수 없다는 불확실성을 나타내고, 그 무대에서 "나만 남았다"는 것은 자신의 고립성과 소외감을 처절하게 느끼고 바라볼 수밖에 없는 정황을 간파하게 한다.

이 시는 신과 인간의 관계에서 생기는 갈등과 그로 인한 고통, 그리고 의심을 탐구하는 의미심장한 내용을 담고 있다. 신이 인간을 만들었지만, 그 창조의 목적이 인간에게 비극을 안겨주었고, 인간은 그 고통 속에서 신에 대한 신뢰를 잃어버리게 되며, 결국 신의 존재마저 의심하게 된다는 비극적인 순환을 그리고 있다. 시의 마지막 연에서, 인간은 혼자 남아 존재 의미를 스스로 묻고 깨닫고, 그 존재 이유를 찾기 위한 여정을 자기 독자적으로 해가야 함을 천명하고 있는 것이다.

단지 날고 싶었을 뿐이에요 오랜 꿈 대신 밥을 먹었거든요 문밖을 보세요 권태에 찌든 그가 떠나가고 있어요 소란스러운 사월과도 안녕입니다 나의 계절은 죽어버렸으므로 이제 밥 대신 꿈을 먹어야 해요 밥 안치는 소리는 꽃밥으로나 피겠죠 어쩌면 바람처럼 세상을 유영하게 될지도 모르겠어요

어머닌 말씀하셨죠 사람은 밥을 먹어야 한다고 하지만 알았어요 배고픔보다 더 견디기 힘든 건 나를 잃어버리는 일이라는 걸 그만 봐버렸거든요 어깨죽지 위로 돋아나는 날개 닦을수록 빛이 나는 내 날개를

등에 진 짐이 무겁지만 기꺼이 산에 올라요 높이 올라야 높이 날 수 있으니까요 아마 그도 그래서였을 거예요 한순간 나락으로 떨어질지라도 하늘을 가지려던 그 꿈을 포기할 수

는 없었을 테니까 누군가에게는 밥이나 죽음보다 더 중요한
게 있다는 걸

　　깨부술 수 없는 창살이라면 날아가야 해요 내게 날개를 달
아 준 당신 당신의 부재는 자꾸 나를 저쪽 너머 세상을 기웃
대게 만들어요 나를 관통하는 바람 당신인가요 그는 죽었지
만 나는 죽지 않아요 나의 날개는 밀랍 대신 당신의 목숨 줄
로 이어 만든 진짜니까요
　　— 「이카루스 의 꿈」 부분

　시 「이카루스의 꿈」은 시인의 존재 근거 확인과 함께 꿈
과 자아를 잃지 않으려는 결연한 각오를 표명하고 있다. 시
의 각 구절을 해석해 보면, 첫 연에서 "단지 날고 싶었을
뿐이에요, 오랜 꿈 대신 밥을 먹었거든요"는 시인 자신이
꿈꾸던 것, 즉 날고 싶다는 소망에 대한 이야기를 들려준
다. 하지만 그 꿈을 실현하기보다는 현실의 문법에 따라 살
아가야 했던 심적 충돌을 고백하고 있다. 꿈과 현실 사이에
서의 갈등과 타협이 드러나는 부분이다.
　"권태에 찌든 그"는 삶에 대한 피로감이나 지나치게 지루
한 일상을 지칭하고, "소란스러운 사월"은 봄이라는 계절을
통해 활력이 재개되는 시기임을 나타내지만, 시인은 그것
에 대한 "안녕"을 고하며 모든 외부적인 활동 상황을 피하
려는 욕구를 드러낸다. 이제 마냥 순응하며 살아내던 현실
'밥'을 넘어서 다시금 이상理想 '꿈'을 찾으려는 결단을 내리
겠다는 확신으로 여겨진다. 또한 "바람처럼 유영"은 자유롭
게 세상을 떠도는 상태로 제약 없이 살아가려는 염원으로

연결된다.

어머니는 사람은 밥을 먹어야 한다고 하였지만 "배고픔보다 더 견디기 힘든 건 나를 잃어버리는 일이라는 걸" 알아챈 시인은 물질적인 배고픔보다는 '나'라는 주체성과 정체성을 찾아서 지켜내야 한다고 깨닫게 된다. 자신의 어깨죽지 위로 돋아나는 날개는 시인의 도약과 더불어 꿈을 실현하려는 멋진 시도 장치이다. 닦을수록 빛이 나는 날개는 그 꿈이 점점 더 빛을 발하며 구현될 가능성을 의미한다. 날개는 비상의 상징으로 꿈을 향한 갈망을 나타내는 연유이다.

물론 등에 진 짐이 무겁지만 기꺼이 산에 올라야 높이 날 수 있다고 확신하는 이유는 '짐'은 삶의 무게나 고통의 무게이지만 시적 화자는 높은 공간에 올라서야만 비로소 더 높이 날 수 있음을 간파하고 있기 때문이다. 이는 꿈을 이루기 위한 노력과 고난을 의미하며, 어려운 길을 가더라도 그 끝에는 자유와 성취가 있다는 희망을 담고 있다. 이카로스처럼 꿈을 향한 각오와 함께 위험을 감수하는 담대한 태도를 보여주고 있다.

시인은 "누군가에게는 밥이나 죽음보다 더 중요"한 게 있음을 강조하며 밥이나 죽음 같은 현실적인 것들이 아닌, 자유, 꿈, 자아실현의 중요성과 존재의 본질적인 가치를 찾으려는 숙고熟考를 명시한다. "깨부술 수 없는 창살이라면 날아가야 해요"라는 결기에서 '깨부술 수 없는 창살'은 억압된 상태를 뜻하고, 그런 제약을 넘어서기 위해 필연적으로 날아가야 한다고 다시금 결심한다. 신이거나 부모이거나 사랑하는 대상이거나 그 사람의 부재에도 불구하고 '나'로 살아가야 하며, 자신은 진짜 날개를 가지고 있다고 역설하는데, 이 날개는 이카로스의 밀랍 날개와 대조되는 '진짜' 날개로, 더 이상 불완전한 것이 아니라 자신이 선택한 진실된 꿈을 표명하는 것이다.

이 시는 자아의 발견, 꿈과 성취, 그리고 자유에 대한 희원을 표현한 시이다. '밥'과 같은 생존적인 욕구를 넘어, 자신을 잃어버리는 것이 더 큰 고통임을 깨닫고, 자유를 향해 날개를 달고 날고자 하는 열망을 드러내고 있다. 삶의 고난과 짐을 짊어지며 높이 날기 위한 노력을 기울이는 가운데, 그가 추구하는 것은 단순한 물질적 실현이 아니라, '나'라는 존재의 의미와 진정한 자아를 찾는 원대한 작업인 것이다. 꿈을 향해 나아가려는 집념과 그것을 이루기 위한 내적 투쟁을 보여주는 비범한 시이다.

박영화 시인은 이번 첫 시집을 통해 촘촘하게 직조되는 공간 이미지들을 활용하여 사랑의 서사를 펼쳐 보이고 있다. 사랑의 정의는 개인적인 경험과 문화적 배경에 따라 다를 수 있지만 그리스 철학에서는 여러 형태로 나누어 설명하고 있다. 에로스는 열정적이고 육체적인 사랑으로 성적 욕망을 동반하는 사랑인데 반하여, 필리아는 친구나 이웃 간에 나타나는 동료애이고, 아가페는 무조건적이고 자비로운 사랑이라면 스토르게는 부모와 자식이나 형제자매간의 우애이다.

이에 시인은 사랑은 사람과 사람, 혹은 동물과의 관계에서 파생하는 감정적인 반응과 대응이라고 피력하며 다양한 사랑들을 시에 담고 있다. 성애적인 사랑과 결별(「화양연화, 그 후」), 이웃과의 친연성을 드러내는 교감(「옆집 여자」), 부모님의 헌신적인 사랑(「고등어」)과 고양이를 배려하는 동물 사랑(「고양이가 사라졌다」) 등을 '햇빛다방', '장미미용실', '골목', '방', '벽', '문', '창', '서랍' 등의 공간 기호들로 치밀하게 축조해낸다. 그러나 이성과의 가열했던 사랑은 협소한 공간 이미지처럼 유효기간 3년으로 끝이 나고(「유효기간」), 부모님께 받은 가없는 사랑도 부모님과의 사별로 마감(「경계」, 「창문이 없다」)될 것이며, 친구와의 친밀한 우정(「미경이」)도 죽음으로 종말을 고한다.

시인은 시간의 유한성 앞에서 사랑이 소멸할 수밖에 없음을 인지하고, 타자와의 사랑을 넘어 자기 자신과의 사랑, 즉 '자기애'로 귀결되는 자긍심 회복과 자아 정체성 및 주체성 탐색으로 나아간다. 「이카루스의 꿈」에서 "문밖을 보세요"라고 외치는 시인은 닫힌 현실로부터 탈출하여 '문밖'을 삶의 새로운 지향점으로 확산 설정하며, "깨부술 수 없는 창살이라면 날아가야 해요"라고 격려함으로써 독자들에게 제약된 한계를 넘어 각자의 '꿈'을 향해 "하늘"로 비상할 것을 응원하고 있다. '지상'에서 오밀조밀한 공간 이미지로 직조했던 타자와의 사랑들이 높은 곳으로 날아올라 도달하게 될 자기 사랑이라는 '천상'으로 공간 기호를 드넓게 확대해 가는 것이다. 이러한 사랑의 영역 확장과 자아를 찾기 위한 용기의 전언으로 박영화 시인 첫 시집의 출중한 시적 성취가 완성된다.

박 영 화

박영화 시인은 충남 서산에서 출생했고, 2023년 『애지』로 등단했다. 현재 서산문학예술연구소 사무총장 및 서산타임즈 지역기자로 활동하고 있다.

박영화 시인의 『조금 오래』는 '추억'이며, 오래 묵을수록 새로워지는 '사랑의 노래'라 할 수 있다. 사랑은 추억을 만들고, 추억은 그 모든 것을 다 미화시킨다. "길을 걷다 어디선가 익숙한 향이 퍼질 때, 오래된 냄새가 불쑥 내 속을 건드린다. 질겅거리는 추억 하나가 발끝에 붙어 따라온다." 추억은 서정시이며, 사랑은 서정시의 주인공이다.

이메일 bluestar1day@naver.com

박영화 시집

조금 오래

발　　행　　2025년 10월 25일
지 은 이　　박영화
펴 낸 이　　반송림
편집디자인　　반송림
펴 낸 곳　　도서출판 지혜, 계간시전문지 애지
기획위원　　반경환
주　　소　　34624 대전광역시 동구 태전로 57, 2층 도서출판 지혜
전　　화　　042-625-1140
팩　　스　　042-627-1140
이 메 일　　eji@ji-hye.com
　　　　　　ejisarang@hanmail.net
애지카페　　cafe.daum.net/ejiliterature

ISBN　　　979-11-5728-591-4　　03810
값　　　　　12,000원

* 이 시집은 2025년도 충청남도, 충남문화관광재단의 지원으로 발간하였습니다.